Wir danken:

Alexander Keil, Birgit, Cajus, Corvin, Elena, Fine, Holger, Jürgen Lutz, Lambert Rosenbusch, Lisa Parker, Maja, Marlene, Meghan, Pia, Pina, Sean Lucas, Silke, Stefan Bellack und unseren Kunden

Wir danken ganz besonders:

Alvin, Angela May, Arne Morgenstern, Franzi, Frauke, Gabriele Kalmbach, Hannelore, Horst, Jakob, Lisa, Mink, Nova, Stefan Krauth, Svea, Timon

Originalausgabe
© 2011 VGS
verlegt durch EGMONT Verlagsgesellschaften mbH,
Gertrudenstraße 30–36, 50667 Köln
Alle Rechte vorbehalten.

1. Auflage
Redaktion: Gabriele Kalmbach
Produktion: Simone Nauerth
Alle Fotos: Arne Morgenstern, Kranenburg
außer S. 2, 3, 10, 17, 19, 26, 50, 80: Frauke Hänke, Hamburg
Foodstyling: Stephan Krauth
Umschlaggestaltung: Zero Werbeagentur, München
Layout: Angela May Grafikdesign & Buchgestaltung, Mettmann
Druck: Himmer AG, Augsburg
ISBN 978-3-8025-3737-0

www.vgs.de

Hilmar Jaedicke & Thomas Laboch

Selbstgemacht:
EIS & SORBET

Fotografien von Arne Morgenstern und Frauke Hänke

INHALT

EIS – GANZ EINFACH SELBSTGEMACHT

Unsere Motivation zum Eismachen	6
Physikalische Grundlagen	11
Eis-Maschinen und Werkzeug	17

EIS-REZEPTE

Eis auf die Schnelle	26
Granitas	32
Sorbets	40
Joghurteis	50
Veganes Eis	60
Milch- und Sahneeis	68
Parfait	80
Saucen	84
Stückchen	86
Register	88
Über die Autoren	89

Eis
GANZ EINFACH SELBSTGEMACHT

UNSERE MOTIVATION ZUM EISMACHEN

WIR MÖCHTEN SIE DAZU VERFÜHREN, EIS NEU ZU ENTDECKEN. Und Ihnen die Entfaltung Ihrer Kreativität nahe legen. Kurz, Ihnen zeigen, was alles ohne großen Aufwand möglich ist. Denn man kann – mit zwei Schüsseln bewaffnet, Joghurt, Zucker, Salz, Wasser und Himbeeren im Gepäck – Eiswürfel an der Tankstelle auf dem Weg zum Ausflug einkaufen und dann ein himmlisches Eis im Freien herstellen. Sie glauben nicht, dass das geht? Wir haben Eis auf der grünen Wiese gemacht und erklären, wie es Ihnen auch gelingt! Es ist ein tolles Erlebnis, von denen Ihre Kinder und Freunde noch lange erzählen werden.

WIR VERRATEN IHNEN TRICKS, WIE IHNEN EISKLASSIKER GELINGEN. Und geben Ihnen Mittel an die Hand, tolle Eissorten selbst zu erfinden. Denn Fertigeis aus der Tiefkühltruhe enthält nicht nur viel Zucker und ungesunde Fette, sondern auch mehr Stabilisatoren, künstliche Aroma-, Farb- und Konservierungsstoffe als Sie denken. Eis aus natürlichen Zutaten schmeckt nicht nur besser, es ist auch gesünder! Das Buch enthält außerdem auch Rezepte ohne Zucker, Rezepte ohne Milch und Rezepte ohne Ei, geeignet für Kinder und Erwachsene, die unter Nahrungsmittelunverträglichkeiten, Diabetes oder Allergien leiden.

SELBST DIE HANDWERKLICHE HERSTELLUNG IN DER EISDIELE ist heute sehr unromantisch. Denn die Zutaten, Fertigprodukte aus der Industrie, werden in kaum vorstellbar großen Mengen produziert und weltweit vertrieben. Kein Wunder, dass nurmehr selten ein Eismacher seine individuelle Handschrift im Eis hinterlässt und sich kulturelle Eigenarten der Regionen kaum noch im Eis niederschlagen. Kein Wunder, dass das echte, natürliche Aroma auf breiter Front dem Einheitsgeschmack der gezielten künstlichen Komposition der Massenware weicht und dass viele Menschen auf den Kauf von Eis aus der Eisdiele oder dem Tiefkühlregal verzichten. Kein Wunder, dass eine wachsende Zahl von Menschen sich nach dem Eisverzehr nicht wohl fühlt und dass unsere Kinder an Nahrungsmittelunverträglichkeiten leiden oder Allergien entwickeln. Viele Ursachen sind in unseren Lebensmitteln zu finden. Auch im Eis.

EINE FERTIGMISCHUNG AUS DEM REGAL IST NICHT UNSERE SACHE. Wer es einfach mag, kann sie mit Wasser oder Milch verrühren und in der Maschine gefrieren lassen. Auch Aroma kommt bei uns nicht in die Tüte. Leider ist es weit verbreitet, Aromen wie beispielsweise Vanillin zu verwenden. Wenn Sie sich jedoch ein wenig damit beschäftigen, werden Sie bald feststellen, dass sie vordergründig sehr intensiv schmecken, aber keine Tiefe aufweisen. Im Eisladen an der Ecke wird oft eine Fertigmischung mit „Vanillegeschmack" verwendet. Diese enthält kaum mehr als drei oder vier Aromen. Besonders viel Vanillin ist darin, um die Abwesenheit der vielen anderen Aromen zu überdecken. Denn echte Vanille enthält mehrere hundert Aromen. Nur eines davon ist Vanillin, es macht nur etwa 5% der Gesamtaromen in der Vanille aus. Verwenden Sie also lieber die schönen langen Vanilleschoten. Die Arbeit lohnt sich! Wir haben sogar von Halbfertigprodukten Abstand genommen, zum Beispiel verzichten wir darauf, Schokolade für unser Schokoladeneis zu verwenden. Denn warum ein Produkt kaufen, welches aus Grundstoffen zusammen gesetzt ist, die wir einzeln einkaufen können? Dabei begegnen uns ständig neue Aromen, die uns neue Geschmackswelten eröffnen und die Phantasie für neue Eissorten anfeuern.

EISMACHEN IST EIN BALANCEAKT. Einerseits ist das Gleichgewicht der Zutaten sehr wichtig, andererseits ist es eine tolle Sache, eigene Eissorten zu erfinden. Manchmal gelingt es grandios, dann wieder nicht. Wir haben lange an unseren Rezepten gefeilt, um sie immer weiter zu verbessern. So einfach die wenigen Zutaten sind, so komplex sind die daraus möglichen Kombinationen. Und das macht es so spannend, selbst Eis zu machen. Aber lassen Sie sich nicht beirren, wenn mal etwas schief geht. Sie werden sicherlich einen Ausweg finden! Zum Glück ist das Risiko gering, wenn Sie für sich und Ihre Gäste Eis machen. Da tut es gut, Mut zu beweisen und die ausgetretenen Wege hinter sich zu lassen. Es wird garantiert honoriert, auch wenn das Ergebnis anders als erwartet ausfällt.

UNSERE EISREZEPTE SIND SO EINFACH WIE MÖGLICH. Dieses Buch enthält vornehmlich Grundtypen der Rezepturen, aus denen sich Eigenkreationen entwickeln lassen. Und gerade das macht besonderen Spaß. Wir sind uns sicher, der Funke wird zu Ihnen überspringen! Vielleicht lernen Sie sich sogar selbst ein bisschen besser kennen. Ihre Neugier, sich auf die Suche nach ungewöhnlichen Zutaten zu machen. Neue, eigene Wege zu gehen und dabei zu den Grundstoffen unserer natürlichen Nahrung zurück zu kehren. Wie schön ist es, den eigenen Geschmackssinn neu zu erforschen und sich deswegen immer besser auf ihn verlassen zu können. Die Rezepte sollen Ihnen den Anfang des Weges zum Eishimmel zeigen, gehen müssen Sie ihn selbst.

AUF ZUSATZSTOFFE ZU VERZICHTEN ist eine weitere Motivation zum Eismachen. Konservierungsmittel, Emulgatoren, Aromen, Geschmacksverstärker, Säuerungsmittel, Zuckeraustauschstoffe und Stabilisatoren sind auch in der handwerklichen Eisproduktion weit verbreitet. Wir wollen diese Stoffe aber so weit wie möglich aus dem Spiel lassen. Zumal viele nicht oder nur unzureichend erforscht sind. Trotzdem werden im Durchschnitt pro Kopf und Jahr in Deutschland etwa 30 kg solcher Inhaltsstoffe verzehrt. Selbst bei gesetzestreuer Deklaration auf der Verpackung können wir als Verbraucher nicht alle Inhaltsstoffe erkennen, weil es den Herstellern beispielsweise gestattet ist, „technisch notwendige" Zusatzstoffe nicht zu deklarieren. Das öffnet der Verbrauchertäuschung Tür und Tor. Es lohnt sich, wach und mit offenen Sinnen durchs Leben zu gehen und unseren Kindern ein gesundes Verhältnis zu Qualität und Quantität mitzugeben. Und mit ihnen Eis selbst zu machen.

DANK NATÜRLICHER ZUTATEN hat unser Eis einen ganz eigenen, unverwechselbaren Geschmack. Es kann also sein, dass Sie Ihr Eis im ersten Moment ungewohnt finden. Dass es aber eine tolle Qualität hat, merken Sie am deutlichsten, wenn Sie direkt nacheinander ein normales Eis vom Eisladen an der Ecke und Ihr eigenes Eis schlecken. Nehmen Sie beispielsweise Erdbeere, da haben Sie einen

großartigen Vergleich. In Ihrem eigenen Eis haben Sie frische Erdbeeren verwendet. Diese gibt mehrere hundert verschiedene Aromen an Ihr Eis ab. Ich hatte ein Schlüsselerlebnis mit meinem jüngsten Sohn. Als Vierjähriger freut er sich riesig, wenn der Eiswagen klingelt. Neulich kam er mir mit seinem Eis in der Hand entgegen und rief: „Papa, rate mal, was für ein Eis ich habe!". Er war noch etwa 20 Meter entfernt, aber ich habe gerochen, dass die knallrote Kugel in seiner Tüte ein Erdbeereis war. Ich vermute, es war keine einzige Erdbeere darin.

PHYSIKALISCHE GRUNDLAGEN

PHYSIK! Wenn Sie schon bei dem Wort innerlich aussteigen, blättern Sie einfach zu den Rezepten weiter. Wir sind uns aber sicher, wenn Sie erst mal beim Eismachen Lunte gerochen haben, wollen Sie mehr wissen und dann wird Ihnen dieser Teil eine tolle Hilfe sein! Denn vieles bei der Eisbereitung hat mit sehr praktischer Physik zu tun. Und ohne ein paar Grundlagen wird es sonst schwierig oder sehr langwierig, eigene Rezepte zu entwickeln. Wir werden versuchen, es so einfach und doch so genau wie möglich zu erklärten. Um die Gründe für ein hervorragendes Eis zu verstehen, müssen wir es eiskalt in seine Grundstoffe zerlegen. Damit meinen wir jedoch nicht die Rezeptzutaten, also Milch, Sahne etc., sondern die Grundstoffe. Speiseeis besteht zum größten Teil aus Wasser und weiterhin aus Zucker, Fett und Proteinen. Diese Grundstoffe kommen entweder als reine Zutat, wie z.B. Rohrzucker, oder als Mischform in die Eismasse. Milch ist so eine Mischform. Sie enthält viel Wasser, Milchzucker, Fett und etwa ebenso viel Proteine. Eine ausgewogene, cremige, leckere Eiskreme enthält etwa 63% Wasser, 20% Zucker, 12% Fett und 5% Proteine. Andere Eissorten wie Sorbets enthalten praktisch kein Fett. Denn beim Sorbet kommt es auf die Frucht an.

WASSER gefriert bei genau 0° Celsius zu hartem Eis. Ist im Wasser Zucker gelöst, ändert sich die Gefriertemperatur je nach Sorte und Menge. Für die Konservierung von Lebensmitteln sollte im Gefrierschrank eine Temperatur von -18° C nicht überschritten werden. Wenn wir also unser Eis nach der Herstellung eine Weile aufbewahren wollen, müssen wir dafür sorgen, dass es auch bei -18° C schön cremig weich ist. Dafür sorgt vor allem der Zucker.

ZUCKER senkt je nach Sorte und Menge den Gefrierpunkt weit unter Null. Über die gängigen Zuckersorten wie Rohr-, Rüben-, Frucht- und Traubenzucker hinaus gibt es in der Industrie unzählige Zuckerprodukte mit ganz unterschiedlichen Eigenschaften. An besonders naturbelassenen, unraffinierten Süßmitteln seien hier Honig, Ahornsirup und Agavendicksaft hervorgehoben. Sie unterscheiden sich stark durch die enthaltenen Zuckerarten und den Wassergehalt. Und folglich in den Gefriereigenschaften. Sie können also nicht einfach die Süßmittel untereinander austauschen ohne die Mengenanteile ins richtige Gleichgewicht zu bringen. Und achten Sie unbedingt darauf, dass der Zucker vollkommen aufgelöst ist.

FETT steht eigentlich einem weichen, cremigen Eis entgegen. Denken Sie nur an Butter. Im Sommer läuft sie beim Essen vom Brot. Hat sie jedoch nur Kühlschranktemperatur, ist sie kaum noch zu schneiden. Damit also unser Eis schön cremig wird, muss das Fett gut verteilt werden. Das bedeutet: rühren, rühren, rühren! Dabei werden die winzigen Fetttropfen in der Eismasse weiter verkleinert und verteilt. Wie schon beim Zucker können wir viele verschiedene Fette verwenden. Die einfachste Art, Fett in das Eis zu bekommen, ist durch Milch. Je nach Eissorte kann das darin enthaltene Fett ausreichen. Aber manchmal genügt der Fettanteil in der Milch nicht. Deshalb spielen die verfeinerten Erscheinungsformen der Milch, nämlich Sahne und Butter, bei der

Eisherstellung eine große Rolle. Für einen besonderen Geschmack, aus ethischen oder gesundheitlichen Gründen, verwenden wir auch pflanzliche Fette oder Öle.

PROTEINE sorgen für eine gute Verteilung aller Bestandteile im Eis. Und sie geben dem Eis eine gewisse Zähigkeit und Fülle. Ich könnte auch sagen: Stabilität. Proteine sind zum Teil riesig lange Molekülketten, die sich durch Temperatur und Feuchtigkeit verändern. Jedes Protein hat seine eigenen Eigenschaften und kann so zu einem guten Eis beitragen oder hinderlich sein. Die bekannteste Art, Proteine ins Eis zu bekommen ist durch Eier. Weitere Proteine finden ihren Weg über die zugegebene Milch, Sahne, Butter, Joghurt, Quark und Nüsse ins Eis. Wir verwenden zusätzlich Guarkernmehl und/oder Johannisbrotkernmehl. Da die gute Verteilung (Emulsion) besonders von Fett und Wasser im Eisgemisch auch für die Lagerung vom Eis sehr wichtig ist, sind die Proteine für eine gute Eiscreme von größter Wichtigkeit. Deshalb werden in der Industrie eigens dafür entwickelte Proteine als Emulgatoren eingesetzt. Auf die verzichten wir lieber.

LUFT im Eis ist unser Freund und Feind zugleich. Willkommen ist sie, weil feinste Luftbläschen das Eis weicher, leichter und cremiger machen. Und der Sauerstoff in der Luft macht unser Eis leckerer. Denn ohne ihn können manche Aromen nicht wahrgenommen werden. Jedoch reagiert der Sauerstoff auch mit Aromen und den natürlichen Farbstoffen im Eis. Und kann mit der Zeit gerade bei Sorbets Fehltöne in Farbe und Geschmack hervorrufen. Säure wirkt dem entgegen. Wir verwenden in unseren Rezepten frisch gepressten Zitronensaft als Säurelieferanten. Und nicht nur dafür. Er unterstützt auf wunderbare Art den Geschmack der Früchte und rundet zusammen mit dem Zucker das Aroma ab. Und Vitamine enthält er auch noch!

FRÜCHTE enthalten neben all ihren tollen Aromen auch Mineralien, Farbstoffe, Fruchtfasern, Säure, Zucker und Wasser, aber kaum Fett. Deshalb ist es schwierig, ein physikalisch ausgewogenes Eis mit einem hohen Fruchtanteil ohne Zugabe von Fetten zu kreieren. Wir müssen hier also Abstriche in puncto Cremigkeit in Kauf nehmen. Außerdem hat jede Frucht ihre Eigenarten. Allen gemeinsam ist, dass ein Schuss Zitronensaft den Geschmack unterstützt und die Farbe anfeuert. Fruchtsäuren und Enzyme aus den Früchten können allerdings im Zusammenspiel mit Milch zu bitteren Geschmacksnoten führen. Weil Joghurt von Haus aus Säure enthält, stellen wir unser Fruchteis deswegen vorwiegend als Joghurt-Eis oder pur als Sorbet her.

NÜSSE im Eis bringen viel Fett und Proteine, jedoch kaum Wasser mit. Das kann auch seine Vorteile haben, besonders für die Herstellung eines veganen Eises. Wollen wir jedoch ein Nusseis mit Milch oder gar Sahne machen, wird es schwierig. Denn durch viel Fett und Proteine wird das Eis sehr fest. Eine Abhilfe bedeutet es, statt ganzen Nüssen oder Nussmus nur Nussmark zu verwenden. Leider ist das im Einzelhandel nur selten erhältlich.

GEWÜRZE nehmen aufgrund der Tatsache, dass sie in geringen Mengen verwendet werden, nur geringen Einfluss auf die Konsistenz des Eises. Allerdings sei hier angemerkt, dass sich Aromen im Eis bisweilen anders entfalten als beim Kochen. Durch die Minusgrade im Eis verhalten sich die komplexen Moleküle ganz anders als in der heißen Suppe. Manche sind stärker zu dosieren, andere sollten geringer dosiert werden. Teilweise kommen auch andere Nuancen zu Tage, die zu entdecken eine Freude ist.

STABILISATOREN oder Verdickungsmittel enthalten Proteine, die sich bei Kontakt mit Wasser stark verändern. Sie binden Wasser an sich. Das führt zur Verdickung der Wasseranteile im Eis. Für unser Eis hat das eine vollere, festere Konsistenz zur Folge, wie sie auch durch Zugabe von Eiern erzielt wird. Wir verwenden ausschließlich Guarkern- und/oder Johannisbrotkernmehl für unser Eis. Andere Eishersteller arbeiten oftmals mit modifizierter Stärke, Pflanzenfasern, Pektin, Gelatine und vielem mehr. Wir erzielen die besten Ergebnisse beim Milch-Eis mit einer Mischung aus Guarkern- und Johannisbrotkernmehl. Bei dieser Mischung hat Ihr Eis je Kilo zehn Karat. Denn ein Karat entspricht dem Gewicht eines Kerns: ca. 0,2 Gramm. Weil weltweit jeder Kern eines Johannisbrotbaumes exakt das gleiche Gewicht hat, wurden sie zur ersten standardisierten Masseinheit für Diamanten.

EIS-MASCHINEN UND WERKZEUG

KÄLTE, BEWEGUNG UND SCHNEIDEN: ohne die drei Faktoren geht beim Eismachen nichts. Je präziser die Drei choreografiert sind, desto besser das Eis. Nun werden Sie denken: Kälte muss sein, ist klar. Bewegung? – auch, sie hält die Eismasse homogen. Aber Schneiden? Nun, die Eiskristalle müssen geschnitten werden. Sie werden sonst zu lang. Sicherlich haben Sie schon einmal die Eisstrukturen auf einer frierenden Wasseroberfläche gesehen. Die Kristalle werden zum Teil länger als eine Handspanne. Um das Wachstum so klein wie möglich zu halten, gibt es nur drei natürliche Möglichkeiten. Erstens: die Eismasse so perfekt abstimmen, das Wasser komplett gebunden ist. Daran arbeiten wir durch eine immer feinere Abstimmung der Zutaten. Zweitens: durch Schockfrosten eine so schnelle Abkühlung erzielen, dass das Wasser ohne die Bildung von Eiskristallen gefriert. So viel Kälte kann allerdings nur unter Laborbedingungen übertragen werden. Drittens: die Kristalle durchschneiden. Das machen die Profimaschinen am effizientesten. Sie fräsen die Eismasse regelrecht von der kalten Fläche. Das richtige Verhältnis von entzogener Wärme und Geschwindigkeit entscheidet über die schönste Eiscreme. So frieren die schnellsten handwerklichen Maschinen in etwa 2 Minuten 10 Liter Eis in einer Charge.

FÜR ZU HAUSE GIBT ES IM HANDEL VIEL KLEINERE MASCHINEN. Sie frieren in der Regel einen knappen Liter Eis je Charge. Manche entziehen die Wärme durch einen Kälteakku, der zuvor lange Zeit

im Gefrierschrank vorgefroren wird. Andere haben ein eigenes Kälteaggregat. Die Maschinentypen haben ihre Vor- und Nachteile. Beiden gemein ist, dass das Frieren aus der Sicht des professionellen Eismachers viel zu lange dauert. Um den Gefriervorgang nicht zu lang werden zu lassen, sollte die Eismasse im Kühlschrank vorgekühlt werden. Trotzdem sollten Sie mit einer halben Stunde für das Frieren rechnen. Besonders unangenehm fällt an den Heimmaschinen jedoch auf, dass nur gerührt wird. Das Schneiden erfolgt nur rudimentär oder gar nicht.

DANN KÖNNEN SIE AUCH GLEICH MIT EINER SELBST IMPROVISIERTEN EISMASCHINE EIS HERSTELLEN. Alles, was Sie brauchen sind zwei Schalen, Eiswürfel, Salz, Wasser und ein scharfkantiger Löffel. Die beiden Schalen sollten aus unterschiedlichen Materialien bestehen. Die innere sollte etwa zwei Liter fassen und aus Kupfer, Aluminium oder Edelstahl sein. Die Materialien haben in der Reihenfolge die besten Wärmeleitfähigkeiten. Die zweite Schale sollte aus möglichst schlecht wärmeleitendem Material, zum Beispiel Kunststoff bestehen. Gerne kann sie auch von Styropor eingefasst ein. Zwischen den beiden Schalen muss ein Zwischenraum von ungefähr 4 cm sein. Da hinein kommen 2 kg Eiswürfel, 200 g Salz und ein Liter möglichst kaltes Wasser. Das Salz geht in Lösung und benötigt dafür Energie, die der Umgebung – also idealer Weise Ihrem Eis – in Form von Wärme entzogen wird. Die Temperatur kann auf bis zu -21ºC sinken. Nun sind Sie gefordert. Beweisen Sie Unterarm und rühren Sie die Eismasse möglichst so, dass sie dabei die Eiskristalle mit einem scharfkantigen Löffel von der Schale schneiden. Lassen Sie sich nicht entmutigen. Zuerst passiert scheinbar nichts. Dann geht es relativ schnell: Sie haben das wundervollste Eis Ihres Lebens hergestellt! Am besten, Sie machen das zusammen mit Ihren Kindern und Freunden und essen es gleich zusammen auf. Denn das beste Eis kommt direkt aus der Maschine!

Zum Eismachen benötigen Sie kaum Geräte, die es nicht sowieso in Ihrer Küche gibt. Sollten Sie sich mit dem Kauf eines Stabmixers beschäftigen, nehmen Sie lieber einen, der auch für heiße Flüssigkeiten geeignet ist. Denn damit können Sie nicht nur Früchte schnell pürieren, sondern auch wunderbar mischen. Das ist vor

allem beim Abkochen der Eisbase wichtig. In der Regel haben diese Geräte dann einen Schaft aus Edelstahl. Aus Edelstahl sollten möglichst viele Ihrer Geräte sein, denn es ist ein widerstandsfähiges Material. Es hält womöglich ein Leben lang und lässt sich obendrein noch recyceln. Zudem ist es manchmal ganz schön, wenn man seine Edelstahlschale schnell mal eben auf die Herdplatte schieben und etwas anwärmen kann. Allgemein sollten die Gerätschaften lieber etwas hochwertiger sein und gut behandelt werden. Sie haben mehr und länger Freude daran.

Verpackungsinfos

Viele Informationen über Zutaten und Zusatzstoffe müssen Ihnen von den Herstellern laut Gesetz auf der Verpackung zur Verfügung gestellt werden. Es lohnt sich also, genau zu vergleichen. Alles wird absteigend nach der Menge sortiert aufgeführt. Die Zusatzstoffe sind teils harmlos, aber größtenteils ungenügend erforscht. Manche stehen auch im dringenden Verdacht, Allergien und Unverträglichkeiten auszulösen. Darüber hinaus können Sie etwas über die Strategien der Lebensmittelhersteller lernen. Wenn Sie also auf einer Verpackung beispielsweise lesen: „mit Sahne verfeinert", und finden dann die Sahne auf der Liste der Inhaltsstoffe an letzter Stelle, geht der Sahneanteil gegen Null. So funktioniert Marketing. Es lohnt sich also, genau hinzusehen.

Was bei der Deklaration nicht genannt werden muss sind Pestizide, Insektizide usw., die bei der Erzeugung verwendet werden, aber nicht mehr enthalten sein dürfen.

Sollten Sie doch mal eine Packung Eis aus dem Tiefkühlregal kaufen wollen, achten Sie einmal auf Gewicht und Volumen. Fast alle Eishersteller lassen keine Möglichkeit aus, so viel Luft wie möglich ins Eis zu bekommen. Schließlich wird Eis in Litern und nicht in Gramm verkauft. Wenn Sie einmal eine normale 1-Liter-Verpackung genauer untersuchen, werden sie feststellen, dass das Füllgewicht deutlich unter 500 g liegt. Luft macht also mehr als die Hälfte des Volumens aus.

Mengenangaben

Die wichtigsten Bestandteile von Eiscreme müssen in einer möglichst genau ausgewogenen Balance im Eis vorliegen. Deswegen ist ein genaues Abwiegen der Zutaten das A und O des Eismachens. Da aber die genaue Kühltemperatur und auch die verwendete Eismaschine einen großen Einfluss auf das Eis haben, sind die Rezepte für Ihren konkreten Fall womöglich nur ein Anhaltspunkt. Wenn Sie die Rezepte anpassen wollen, gehen Sie behutsam vor. Zum Beispiel sollten die Mengen von Zucker und Sahne nur um einige Prozent variiert werden. Trotzdem kann es sein, dass das Eis beim Frieren erst nicht richtig fest wird und nach dem Durchfrieren viel zu fest ist. Das kann sehr viele Ursachen haben. Die häufigsten sind Fehler beim Abwiegen, ein suboptimaler Gefrierprozess und nicht richtig eingehaltene Temperaturen. Übrigens: Die Zutaten in allen noch folgenden Rezepten ergeben etwa 1 Liter Eis.

Temperaturangaben

Bei der Eisherstellung spielen die Temperaturen eine sehr wichtige Rolle. In der Eisdiele werden viele Eismassen zunächst pasteurisiert. Also auf festgelegte Temperaturen erhitzt und dann wieder abgekühlt. Als Pendant dazu stellen wir hier im Buch eine Eisbase vor, die zur Rose abgezogen wird (siehe Seite 69). Auch hier wird zunächst erhitzt und dann abgekühlt.

Beim Einfüllen in die Eismaschine sollten Zutaten so kalt wie möglich, jedoch gerade nicht gefroren sein. Wenn möglich stellen Sie die Temperatur ihres Kühlschrankes entsprechend ein. Wir haben dies in den Rezepten mit dem Hinweis „mindestens 7°C kalt" vermerkt. Denn je wärmer die Eismasse zu Beginn ist, desto länger muss die Maschine arbeiten.

Das Eis wird dann nach dem Frieren bei etwa -12°C mit noch recht weicher Konsistenz aus der Maschine entnommen. Im Tiefkühler wird es dann auf -18°C oder kälter herunter gekühlt. Je schneller das geht, desto besser für das Eis. Wird das Eis noch kälter, wird es auch noch härter. Wenn das Eis also zum Genuss die richtige Festigkeit mit einem schönen Schmelz haben soll, kommt es auf das richtige Rezept genauso an, wie auf die Temperatur.

Sauberkeit ist bei der Eisherstellung oberstes Gebot. Übrigens leben auf unseren Händen mehr Keime als im Mund. An beiden Orten vermehren sie sich auch nach gründlicher Reinigung und sogar nach der Desinfektion rasant. Das heißt keineswegs, dass das Händewaschen überflüssig ist, sondern nur, dass wir mit den Keimen leben, ob wir wollen oder nicht. Für uns heißt das: nichts anfassen, abgeschleckte Löffel nicht wieder in die Eismasse kommen lassen und alle Geräte vor der Benutzung gründlich abwaschen. Am besten, Sie waschen die Geräte zunächst mit Spüli heiß ab und spülen dann mit kaltem Wasser nach. So werden die Fette gut gelöst und die Keime vermehren sich nur langsam auf der abgekühlten Oberfläche.

EIS – REZEPTE

Eis auf die Schnelle

Ein Eis am Stiel weckt schönste Kindheitserinnerungen. An die Badeanstalt, den Strandurlaub und an die endlosen Sommer von früher. So etwas gibt man doch gern an die eigenen Kinder weiter. Wen stört da schon der eine oder andere Obstfleck auf dem T-Shirt? Und passende Formen findet man in jedem gut sortierten Haushaltsladen.

Schrapp, schrapp, schrapp – Eiskratzen mitten im Sommer? Klaro, denn Kinder freuen sich, wenn es für jedes mühsame Kratzen einen kleinen Löffel Eis zur Belohnung gibt. Selten kann man selbst den Kleineren so konzentriert bei der Arbeit zusehen. Achten Sie mal drauf! Schön, dass Kratzeis ruck zuck gemacht ist.

Kratzeis

Füllen Sie einfach Fruchtsaft oder pürierte Früchte in kleine Behälter und frieren Sie diese ohne Deckel ein. Die Behälter sollten von Kinderhänden gut festgehalten werden können und einen steilen Rand haben – dann gibt's beim Eiskratzen keine kleinen Unfälle. Sind Saft bzw. Püree gefroren, sollten die Behälter zur weiteren Aufbewahrung mit Deckeln verschlossen werden.

TIPP: Eiswürfel müssen nicht immer aus Wasser sein. Stellen Sie doch mal welche aus Kirschsaft her, füllen Sie drei davon ins Glas und lassen Sie Bananensaft drüber laufen. Gut machen sich auch Orangensaft-Eiswürfel in der Cola.

Verwenden Sie verschiedenfarbige Fruchtpürees und füllen diese in Schichten ein. Zum Beispiel Deutschlandeis – aus Brombeere, Erdbeere und Orange.

Eislutscher mit pürierten Früchten

Pürieren Sie frische, reife Früchte wie Erdbeeren, Himbeeren, Pfirsich oder Melone ganz nach Geschmack mit etwas Zitronensaft und wenn nötig mit etwas Zucker, bis dieser sich im Fruchtpüree aufgelöst hat. Anschließend das Püree in die Eisformen füllen und für etwa 2–3 Stunden ins Tiefkühlfach stellen.

TIPP: Zupfen Sie Zitronenmelisse- oder Minzeblätter in das fertige Fruchtpüree und füllen Sie es dann in die Formen.

Mischen Sie ganz nach Belieben frische Früchte in größeren Stücken unter den Joghurt, bevor Sie ihn in die Eisformen füllen.

Eislutscher mit dem Lieblingsjoghurt

Bringen Sie einfach Ihren Joghurt Nr. 1 in Form. Vorher noch mal gut umrühren, abfüllen und dann ins Tiefkühlfach stellen. Nach 2–3 Stunden ist der Joghurteis-Lutscher fertig.

Auch bei Eis aus Saft kann man noch ein wenig tricksen, indem man einige Beerenfrüchte – ganz oder in Stücken – hinzufügt. Sieht einfach toll aus!

Eislutscher mit Fruchtsaft

Am allerschnellsten ist diese Variante: Safttüte oder -flasche schütteln und öffnen, Eisformen füllen und dann für 2–3 Stunden ins Tiefkühlfach stellen. Fertig!

TIPP: Und auch mit Gemüsesäften erzielen Sie eindrucksvolle Ergebnisse: Wie wär's mit einer Bloody Mary am Stiel – aus Tomate, etwas Wodka, Tabasco, Salz und Pfeffer.

Saft ist nicht gleich Saft. Ein großer Teil der im Supermarkt oder Getränkehandel erhältlichen Säfte wird aus Konzentraten gewonnen und ohne Kennzeichnungspflicht chemisch haltbar gemacht, besonders Saft in PET-Flaschen. Greifen Sie lieber zur Glasflasche mit Direktsaft. Der Begriff ist zwar nicht geschützt, deutet aber auf die direkte Fruchtverarbeitung ohne Konzentrate und Rückverdünnung hin. Für einige Eissorten ist es außerordentlich hilfreich, auf einen guten Saft zurückgreifen zu können. Sie ersparen sich so viel Arbeit, denken Sie nur an Sanddornsaft!

Früchte sind eine gesunde Sache. Sie enthalten viele wichtige Stoffe wie Vitamine und schmecken auch noch herrlich! Wie eigentlich bei allen frischen Lebensmitteln sollten Sie auch bei Früchten auf die größtmögliche Frische achten. Sie sollten möglichst vollreif sein. Beerenfrüchte entfalten ihr Aroma besonders gut, wenn sie vor der Verarbeitung mit etwas Zucker bestreut werden und einige Stunden im Kühlschrank ziehen. Dann sollten sie allerdings nur noch püriert verarbeitet werden, weil sie ihre Festigkeit verloren haben.

Früchte enthalten auch variable Mengen von Pektin. Das ist ein natürlicher Stabilisator, der Ihnen vielleicht vom Marmelade-Kochen her bekannt ist. Auch im Eis ist Pektin willkommen. Es verbessert zusammen mit den Fruchtfasern die Konsistenz Ihres Sorbets. Bananen können schon beim Verarbeiten braun werden. Sollte Sie das stören, verwenden Sie grüne Bananen. In jedem Fall sollten Sie beim Bananeneis schnell sein und viel Zitronensaft verwenden.

Granitas

Granitas sind die pure Erfrischung! Wenn die körnigen Eiskristalle auf der Zunge schmelzen, ist das wie ein abkühlender Sprung in den Swimming-Pool. Aber auch als Dessert oder kreativer Zwischengang im Rahmen einer längeren Menüfolge machen Granitas eine gute Figur.

Experimentieren Sie doch mal mit anderen Säften – aus Flasche oder Tüte. Einfach Zuckerlösung herstellen, mit Saft mischen und weiterverarbeiten wie beschrieben.

Orangen-Granita

50 g Zucker
200 ml Wasser
600 ml frisch geprosster Orangensaft

Zucker und Wasser in einem Topf erwärmen, bis sich der Zucker komplett aufgelöst hat. Anschließend die Zuckerlösung auf Zimmertemperatur abkühlen lassen.

Den Orangensaft einrühren, die Mischung in einen oder mehrere Behälter füllen und ohne Deckel gefrieren lassen. Damit sich keine zu großen Eiskristalle bilden, sollte die Mischung einmal stündlich mit einer Gabel durchgerührt werden. Jeweils erneut gefrieren lassen und den Vorgang wiederholen, bis die Mischung eine feinkörnige Konsistenz hat (etwa 3,5–4 Stunden). Die Granita mit einem Löffel in dekorative Gläser füllen und sofort servieren.

TIPP: Sie können die Mischung auch zu Eiswürfeln gefrieren und anschließend im Mixer zu feinkörniger Granita verarbeiten. Als Garnitur eignen sich frische Minze oder ein Schuss Campari.

Lieber Tee? Geht auch! Brühen Sie einen starken Tee auf und kochen Sie damit eine Zuckerlösung. Mit dem abgekühlten Tee geht's weiter wie beschrieben.

Espresso-Granita

50 g Zucker
600 ml Wasser
50 g gemahlene Espressobohnen

Zucker und Wasser in einem Topf erhitzen, bis sich der Zucker komplett aufgelöst hat. Die Zuckerlösung zum Kochen bringen, dann den Topf von der Herdplatte nehmen. Den gemahlenen Espresso einrühren und die Mischung etwa eine Stunde lang ziehen lassen. Anschließend die Flüssigkeit durch einen Kaffeefilter oder ein Passiertuch filtern.

Den auf Zimmertemperatur abgekühlten Kaffee in einen oder mehrere Behälter füllen und ohne Deckel gefrieren lassen. Damit sich keine zu großen Eiskristalle bilden, die Mischung einmal stündlich mit einer Gabel durchrühren. Jeweils erneut gefrieren lassen und den Vorgang wiederholen, bis die Mischung eine feinkörnige Konsistenz hat. In der Regel dauert dies etwa 3,5–4 Stunden. Zum Servieren mit einem Eisportionierer oder einem stabilen Löffel grobe Eiskristalle von der Oberfläche kratzen.

TIPP: Füllen Sie die Espresso-Granita in dekorative Gläser und geben Sie – wenn Sie möchten – einen Spritzer Kaffeelikör darüber und/oder ein wenig geschlagene Sahne obenauf.

TIPP: Sie mögen es etwas einfacher? Gefrieren Sie den Kaffee zu Eiswürfeln und zerkleinern Sie diese unmittelbar vor dem Servieren in einem Mixer oder in der Küchenmaschine.

Prosecco-Zitronengras-Granita

150 g Zucker
750 ml Prosecco
2 Stengel frisches Zitronengras

Zitronengras waschen und in etwa 3 cm große Stücke schneiden. Zucker, Prosecco und Zitronengras in einem Topf erhitzen, bis sich der Zucker komplett aufgelöst hat. Die Mischung aufkochen lassen und anschließend auf Zimmertemperatur abkühlen.

Das Zitronengras entfernen. Die Mischung in einen oder mehrere Behälter füllen und ohne Deckel gefrieren lassen. Damit sich keine zu großen Eiskristalle bilden, sollte die Mischung einmal stündlich mit einer Gabel durchgerührt werden. Jeweils erneut gefrieren lassen und den Vorgang wiederholen, bis die Mischung eine feinkörnige Konsistenz hat (etwa 3,5–4 Stunden). Die Granita mit einem Löffel in dekorative Gläser füllen und sofort servieren.

TIPP: Eine Granita als Digestif – mischen Sie Wasser mit etwas frisch gepresster Zitrone und machen Sie Eiswürfel daraus. Ab in den Mixer, dann ins Glas und etwas Averna oder Ramazotti darüber.

TIPP: Auch hier funktioniert der Eiswürfel-im-Mixer-Trick wie in den beiden vorherigen Rezepten beschrieben. Zur Garnitur stecken Sie ein längs halbiertes Stück Zitronengras in die Granita.

Wasser aus der Leitung ist schon eine ganz gute Zutat für Ihr Eis. Wollen Sie es ganz besonders gut machen, greifen Sie zu Mineralwasser. Allerdings ist im sprudelnden Mineralwasser Kohlensäure enthalten, das kann gute und schlechte Auswirkungen auf Ihr Eis haben. Es kommt also auf den Versuch an. Oder Sie filtern das Leitungswasser. Denn die Stadtwerke kontrollieren zwar die Qualität des Leitungswassers sehr streng, garantieren aber die einwandfreie Lieferung nur bis zum Hausanschluss. Im Haus ist der Eigentümer des Hauses für die Wasserqualität verantwortlich. So kommt dann zwar sauberstes Wasser bei Ihrem Haus an. Dann fließt es aber durch Leitungen, die unerwünschte Stoffe an das Wasser abgeben können. Übrigens ist auch Mineralwasser mit Vorsicht zu genießen. Einige enthalten schädliche Substanzen, andere sind nur als Mineralwasser getarntes und aufwendig verpacktes Leitungswasser.

Alkohol ist eine willkommene Abwechslung im Eis, verändert jedoch die Physik und das Zusammenspiel der Zutaten enorm. Er sollte sparsam verwendet werden. Denken Sie nur an Korn, der bei einem Wassergehalt von etwa 60% bei -18° C immer noch flüssig ist. Außerdem werden Sie wahrscheinlich nicht Alkohol in Reinform verwenden, sondern als Sekt, Likör, Wein, Weinbrand oder Bier. Dann kommen zum variierenden Alkoholgehalt auch Säuren, Zuckerarten und Wasser in die Eismasse. Sie alle üben einen unterschiedlichen Einfluss auf das Ergebnis aus. Also Vorsicht bei der Dosierung! Und viel Spaß bei den Versuchen!

Zucker ist nicht gleich Zucker. Viele der Zuckerarten haben im Laufe ihrer Herstellung so viele Prozesse durchlaufen, dass sie nur noch wenig mit ihrem Ursprung zu tun haben. Beim Zucker wird in der Regel auf die weiße Farbe geachtet. Das entspricht zwar unserer Vorstellung von Reinheit. Für die Gesundheit ist das aber nichts. Beim Bleichen und Raffinieren werden dem Zucker alle Unreinheiten entzogen. Das macht ihn schön weiß und rein. Aber unser Körper benötigt auch die ursprünglich enthaltenen Mineralien und die Ballaststoffe. Und wir wünschen uns auch einen Eigengeschmack, der über die eigentliche Süße hinaus geht und dem Eis eine geschmackliche Tiefe verleiht. Dieser Eigengeschmack ist beim Rohrzucker leicht bitter. Die Lehrmeinung sagt zwar, bitter sei generell unerwünscht. Wir sehen das allerdings etwas differenzierter. Letztlich kommt es auf die Ausgewogenheit der Aromen an. Deshalb verwenden wir Rohrohrzucker.

Sorbets

Jetzt wird's richtig fruchtig – und bunt! Ab in den Mixer mit Erdbeere, Kirsche und was der Obstgarten sonst noch hergibt. Gerne auch Exoten wie Ananas oder mmmh ... Mango. Nur schön reif sollten die Früchte sein. Die Kinder werden es lieben! Und nicht nur die ...

Dieses Rezept können Sie auch auf andere Beerenfrüchte anwenden. Probieren Sie es doch mal mit Erdbeeren, Brombeeren oder Johannisbeeren. Oder mit einer Beerenmischung.

Himbeersorbet

150 g Zucker
150 ml Wasser
450 g Himbeeren, frisch oder gefroren
½ Limone, ausgepresst

Zucker und Wasser in einem Topf erhitzen, bis sich der Zucker komplett aufgelöst hat. Anschließend den Zuckersirup auf Zimmertemperatur abkühlen lassen.

Die Himbeeren mit Limonensaft und Zuckersirup im Mixer oder in der Küchenmaschine pürieren, bis die Konsistenz sehr fein ist, dann die Mischung in den Kühlschrank stellen.

Das mindestens 7° C kalte Himbeerpüree in die Eismaschine füllen und nach der Anleitung des Herstellers vorgehen. Oder Sie verwenden die Eismaschine Marke Eigenbau (im Kapitel Eis-Maschinen). Außerdem können Sie Sorbet auch unter halbstündlichem Rühren im Tiefkühlschrank gefrieren lassen.

Ananassorbet

150 g Zucker
150 ml Wasser
450 g reife
  Ananasstückchen
1 Limone,
  ausgepresst

TIPP: Geben Sie 8 cl Batida de Coco mit in den Mixer und veredeln Sie Ihr Ananassorbet anschließend zu einer Frozen Piña Colada.

Zucker und Wasser in einem Topf erhitzen, bis sich der Zucker komplett aufgelöst hat. Anschließend den Zuckersirup auf Zimmertemperatur abkühlen lassen.

Die Ananas schälen, den Strunk entfernen und das Fruchtfleisch in grobe Stücke schneiden. Diese zusammen mit Limonensaft und Zuckersirup im Mixer oder in der Küchenmaschine pürieren, bis die Konsistenz sehr fein ist, dann die Mischung in den Kühlschrank stellen.

Das mindestens 7° C kalte Ananaspüree in die Eismaschine füllen und nach der Anleitung des Herstellers vorgehen. Oder Sie verwenden die Eismaschine Marke Eigenbau – mit zwei Schüsseln und Eiswürfeln dazwischen (im Kapitel Eis-Maschinen). Sie bedeutet zwar einigen Aufwand, macht aber viel mehr Spaß und lässt das fertige Eis zur echten Belohnung werden!

Sorbet wird klassisch eher weich aus dem Glas gelöffelt. Um es zu Kugeln portionieren zu können, wird das Sorbet nach dem Gefriervorgang in einen Behälter gefüllt und luftdicht mit Folie abgedeckt. Die Folie muss dabei direkte Berührung mit dem Eis haben. So bilden sich keine Eiskristalle auf dem Sorbet und die Aromen bleiben im Eis. Anschließend den Behälter für 2–3 Stunden in den Tiefkühlschrank stellen.

Mangosorbet

```
150 g Zucker
150 ml Wasser
2 reife Mangos
  (je etwa 250 g)
1 Limone,
  ausgepresst
```

Zucker und Wasser in einem Topf erhitzen, bis sich der Zucker komplett aufgelöst hat. Anschließend den Zuckersirup auf Zimmertemperatur abkühlen lassen.

Die Mangos mit einem Sparschäler über einer Schüssel schälen, um auch den Saft aufzufangen. Das Fruchtfleisch vom Stein und dann in grobe Stücke schneiden. Mangofleisch und -saft mit Limonensaft und Zuckersirup im Mixer oder in der Küchenmaschine zu einem sehr feinen Püree zerkleinern, dann die Mischung in den Kühlschrank stellen.

Das mindestens 7° C kalte Mangopüree in der Eismaschine gefrieren lassen, unter halbstündlichem Rühren im Tiefkühlschrank oder mit der selbst gebauten Vorrichtung zu Sorbet (siehe Kapitel Eis-Maschinen).

Sauerkirschsorbet mit Kirschlikör

125 g Zucker
150 ml Wasser
450 g Sauerkirschen, entsteint
4 cl Kirschlikör
3 g Guarkernmehl

Zucker und Wasser in einem Topf erhitzen, bis sich der Zucker komplett aufgelöst hat. Anschließend den Zuckersirup auf Zimmertemperatur abkühlen lassen.

Kirschen, Zuckersirup und Kirschlikör mit einem Stabmixer pürieren. Das Guarkernmehl hinzugeben und alles gründlich durchpürieren. Es dürfen keine Guarkernmehl Klümpchen in der Mischung verbleiben.

Anschließend das mindestens 7° C kalte Kirschpüree in der Eismaschine gefrieren lassen, unter halbstündlichem Rühren im Tiefkühlschrank oder mit der selbst gebauten Vorrichtung zu Sorbet (siehe Kapitel Eis-Maschinen).

Rohrohrzucker ist nur gering gebleicht und enthält noch viele Mineralien aus dem Zuckerrohr. Er ist praktisch überall zu kaufen. Es könnte auch Rübenzucker sein, das macht für die Eisherstellung praktisch keinen Unterschied. Sie haben sehr ähnliche Eigenschaften, wenn auch einen leicht unterschiedlichen Geschmack. Fruchtzucker ist dagegen weniger einfach zu bekommen, hat jedoch den Vorteil, dass er das Wasser stärker am Gefrieren hindert als Rohrohrzucker. Außerdem hat er ein fruchtiges Aroma. Traubenzucker hat auch eine starke gefrierhemmende Wirkung, aber praktisch keinen Geschmack. Von Zuckeraustauschstoffen nehmen wir zugunsten der Gesundheit lieber ganz Abschied.

Unser Körper geht unterschiedlich mit den verschiedenen Zuckern um. Neben dem Vorteil, dass manche Zuckerarten für Diabetiker besser geeignet sind, weisen vor allem die unraffinierten Süßmittel eine Reihe von Mineralien und Spurenelementen auf, die wir für ein gesundes Leben brauchen. Für den Genuss aber ist selbstverständlich der Geschmack entscheidend. Und über den lässt sich trefflich streiten. Wir überlassen Ihnen also die Auswahl.

Agavendicksaft ist im Bioeinzelhandel und im gut sortierten Feinkosthandel erhältlich. Wir verwenden ihn lieber für die Eisherstellung als Zucker. Er ist nicht einfach nur süß, sondern besteht aus einer vielfältigen Mischung von Aromen, die wir beim Eisschlecken erahnen können. Und es bleiben bei der Erzeugung des Agavendicksaftes alle Spurenelemente enthalten. Weiterhin gelangt der darin enthaltene Zucker im Vergleich zum Rohrzucker deutlich langsamer ins Blut. Der Teufelskreis aus Hungergefühl und Zuckeressen führt durch den geringeren Vitamin-B-Verbrauch beim Stoffwechsel nicht so schnell zu Abhängigkeiten.

Honig ist für einige Einsatzzwecke das Süßmittel der Wahl. Bienen tragen nicht nur einfach Zucker zusammen, sie bringen auch Pollen und Aromen von den Pflanzen mit, deren Nektar sie saugen. Und dies alles landet in Ihrem Eis und auf Ihrer Zunge. Ist das nicht eine tolle Vorstellung? Beim Einkauf von Honig sollten Sie darauf achten, dass er kalt geschleudert ist. Dann ist alles Wertvolle noch drin.

Eisgenießer, die unter einer Fruktoseintoleranz leiden, sollten allerdings in jedem Fall auf Rohr- oder Traubenzucker zurückgreifen.

Joghurteis

Eis aus Sahne und Milch ist Ihnen manchmal zu mächtig? Bei reinem Fruchteis fehlt Ihnen aber irgendwie die Cremigkeit? Dann sollten Sie Joghurt ab jetzt nicht mehr nur löffeln, sondern auch mal in gefrorener Form genießen. Sie werden staunen, wie einfach er sich in feinsäuerliche Köstlichkeiten verwandeln lässt.

Auch dieses Rezept funktioniert genausogut mit anderen Beerenfrüchten.

Erdbeer-Joghurt

150 g reife, aromatische Erdbeeren
200 g Agavendicksaft
450 g Joghurt, 3,5 % Fett
½ Limone, ausgepresst

Die Erdbeeren mit Limonensaft und Agavendicksaft im Mixer pürieren. Die Mischung mit dem Joghurt verrühren und in den Kühlschrank stellen.

Die mindestens 7° C kalte Mischung in die Eismaschine füllen und nach der Anleitung des Herstellers vorgehen. Oder Sie verwenden die Eismaschine Marke Eigenbau – mit zwei Schüsseln und Eiswürfeln dazwischen (im Kapitel Eis-Maschinen).

Wenn Sie das Eis aus der Maschine nehmen, ist es noch relativ weich. Füllen Sie es in einen oder zwei Behälter, decken Sie es luftdicht mit Folie ab und stellen Sie es für einige Stunden in den Tiefkühlschrank. Danach kann es zu Kugeln portioniert und zum Beispiel mit frischen Beeren oder Fruchtsalat serviert werden.

TIPP: Wenn Sie über einen besonders starken Mixer verfügen, können Sie statt frischer Erdbeeren auch gefrorene verwenden. Vorteil ist, dass Sie die Mischung anschließend sofort in die Eismaschine füllen können und sich auch der Gefrierprozess selbst deutlich verkürzt.

Sanddorn-Joghurt

450 g Joghurt,
  3,5 % Fett
200 g Agavendicksaft
100 ml Sanddornsaft

TIPP: Ersetzen Sie Sanddorn- durch Orangensaft. Pressen Sie 1–2 unbehandelte Orangen aus, nachdem Sie diesen vorher die Schale abgezogen und kleingehackt haben. Mit etwas Schale im Eis wird der Geschmack noch intensiver.

Joghurt, Agavendicksaft und Sanddornsaft verrühren und die Mischung in den Kühlschrank stellen.

Die mindestens 7° C kalte Mischung in die Eismaschine füllen und nach der Anleitung des Herstellers vor gehen. Oder Sie verwenden die Eismaschine Marke Eigenbau – mit zwei Schüsseln und Eiswürfeln dazwischen (im Kapitel Eis-Maschinen).

Das Eis aus der Maschine ist noch relativ weich. In einen oder zwei Behälter füllen und luftdicht mit Folie abdecken. Die Folie muss dabei direkte Berührung mit dem Eis haben. So bilden sich keine unerwünschten Eiskristalle auf der Oberfläche und das Aroma bleibt im Eis. Anschließend den Behälter für einige Stunden in den Tiefkühlschrank stellen. Danach kann es zu Kugeln portioniert werden.

Statt Waldbeeren können Sie selbstverständlich auch andere Beerenfrüchte im gleichen Mengenverhältnis mit Agavendicksaft verwenden.

Joghurt-Waldbeer

550 g Joghurt,
 3,5 % Fett
300 g Agavendicksaft
75 g Waldbeeren

Die Waldbeeren mit einem Drittel des Agavendicksaftes pürieren und das Fruchtpüree kühl stellen. Den Joghurt mit dem restlichen Agavendicksaft verrühren und auch diese Mischung in den Kühlschrank stellen.

Die mindestens 7° C kalte Mischung in die Eismaschine füllen und nach der Anleitung des Herstellers vorgehen. Oder Sie verwenden die Eismaschine Marke Eigenbau (im Kapitel Eis-Maschinen).

Wenn das Eis gefroren ist, in einen Behälter geben und das Beerenpüree darüber verteilen. Dieses langsam kreisend unterrühren, sodass Sie später breite Fruchtstreifen im Eis haben. Das Eis luftdicht mit Folie abdecken und für einige Stunden in den Tiefkühlschrank stellen. Danach kann es zu Kugeln portioniert werden.

TIPP: Probieren Sie das Rezept mal mit einem selbst kreierten Fruchtpüree aus. Es muss nur genug Zucker bzw. Agavendicksaft enthalten, damit es später im gefrorenen Zustand nicht zu stark auskristallisiert.

Nehmen Sie statt der Mandeln doch mal Pistazien oder auch eine Mischung aus beidem.

Waldhonig-Joghurt mit Mandelkrokant

600 g Joghurt,
 3,5 % Fett
200 g Waldhonig,
 flüssig
100 g geröstete
 Mandeln
100 g Zucker

TIPP: Experimentieren Sie mit anderen Honigsorten. Zum Beispiel mit Orangenblüten-, Thymian- oder Lavendelhonig.

Zuerst das Mandelkrokant herstellen (Rezept im Kapitel Stückchen).

Joghurt und Honig verrühren und die Mischung in den Kühlschrank stellen.

Die mindestens 7° C kalte Mischung in die Eismaschine füllen und nach der Anleitung des Herstellers vorgehen. Oder Sie verwenden die Eismaschine Marke Eigenbau – mit zwei Schüsseln und Eiswürfeln dazwischen (im Kapitel Eis-Maschinen).

Wenn das Joghurt-Honig-Eis fertig gefroren ist, das Mandelkrokant hinzugeben und von der Maschine unterrühren lassen.

Das Eis ist jetzt noch relativ weich. In einen oder zwei Behälter füllen, luftdicht mit Folie abdecken und für einige Stunden in den Tiefkühlschrank stellen. Danach kann es zu Kugeln portioniert werden.

Joghurt und Joghurterzeugnisse gibt es in vielen verschiedenen Varianten. Wir bevorzugen den cremig gerührten Naturjoghurt mit einem Fettgehalt von 3,5% aus der Biomolkerei. Joghurt entsteht durch das Impfen von Milch mit Milchsäurebakterien. Diese verstoffwechseln Teile der Milch zu Joghurt. Das schöne daran ist, dass sich andere Keime in dieser säuerlichen Umgebung nicht mehr so wohl fühlen und entsprechend langsamer vermehren. Die Konsistenz und die Zusammensetzung des Joghurts ist für unser Eis von großem Vorteil. Achten Sie beim Kauf auch hier auf Frische. Denn Joghurteis wird nicht erhitzt. Es findet also keine Pasteurisierung statt.

Eier sollten von freilaufenden Hühnern gelegt werden! Für die enge Käfighaltung und den hohen Preisdruck sowie der drohenden Gefahr durch Epidemien in den Hühnerställen wegen werden diese Tiere mit unappetitlichen Dingen gefüttert. Das hat selbstverständlich auch Auswirkungen auf die Qualität und den Geschmack. Unabhängig von der Haltung der Hühner können Eier leider recht virulente Keime enthalten. Deswegen verzichten wir bei der Eisherstellung vollkommen auf Eier. Für dieses Buch haben wir jedoch eine Variante der Eisbasis vorgesehen, bei der Eier verarbeitet werden. Schließlich ist das die traditionelle Art der Milcheisherstellung. Bitte achten Sie darauf, frische Eier der Größe „L" (63–73 g) verwenden. Auch sollten Sie auf die richtige Temperatur beim Abziehen zur Rose achten (siehe im Kapitel Milch- und Sahneeis). Ist die Masse zu heiß, denaturiert das Eiweiß und verklumpt, ist sie zu kalt, bekommen Sie Schwierigkeiten mit der Eiskonsistenz und der Haltbarkeit.

Verdickungsmittel sind ein wichtiger Baustein bei der Eisherstellung ohne Ei. Für uns sind Johannisbrotkernmehl und Guarkernmehl die wichtigsten. Ersteres wird aus dem Samen des Johannisbrotbaumes gewonnen. Es quillt im Wasser stark auf und bindet es dadurch. Guarkernmehl wird aus dem Samen der Guarpflanze gewonnen. Wie Johannisbrotkernmehl kann es ein Vielfaches an Wasser binden, stabilisiert Emulsionen und verhindert Kristallbildung. Beide gelten als natürliche Zusatzstoffe und werden auf Verpackungen als E 410 und E 412 deklariert. Sie kommen insbesondere in Bioprodukten, Kosmetika und Säuglingsnahrung, aber auch in Konfitüren, Marmeladen, Gelees, Backwaren sowie Milchmischgetränken und Speiseeis vor. Beide erhält man in Naturkost-Supermärkten und im Spezialversand für Allergiker.

Veganes Eis

Zartschmelzendes, cremiges Eis selbst herstellen, ganz ohne Milch, Sahne und Eier? Klingt verrückt – geht aber wirklich! Sie müssen nur das Milchfett ersetzen. Bestens dafür geeignet sind Nüsse, denn sie tragen ausreichend viel pflanzliche Fette unter ihrer Schale. Probieren Sie es aus. Mal sehen, ob Ihre Freunde einen Unterschied zum Milcheis bemerken.

Cashewnuss-Eis

```
125 g Cashewnussmus
250 g Agavendicksaft
475 ml Wasser
2-3 g Guarkernmehl
```

Cashewmus, Agavendicksaft und Wasser in ein schmales, hohes Gefäß füllen und mit einem Stabmixer vermischen. Das Guarkernmehl hinzugeben und die Mischung gründlich einige Minuten lang pürieren, um eine eventuelle Klümpchenbildung zu verhindern. Die Mischung anschließend in den Kühlschrank stellen.

Die kalte Mischung in die Eismaschine geben und nach Anleitung des Herstellers vorgehen. Oder Sie verwenden die Eismaschine Marke Eigenbau – mit zwei Schüsseln und Eiswürfeln dazwischen (siehe Kapitel Eis-Maschinen).

Das Eis ist jetzt noch relativ weich. In einen oder zwei Behälter füllen, luftdicht mit Folie abdecken und für einige Stunden in den Tiefkühlschrank stellen. Danach kann es zu Kugeln portioniert werden.

Nougat-Eis

100 g Haselnussmus
250 g Agavendicksaft
400 ml Wasser
2–3 g Guarkernmehl
50 g vegane Schokolade mit mind. 85% Kakaoanteil

Die Schokolade in einer Schüssel im heißen Wasserbad schmelzen lassen und dann abkühlen.

Haselnussmus, Agavendicksaft und Wasser in ein schmales, hohes Gefäß füllen und alles mit einem Stabmixer vermischen. Das Guarkernmehl hinzugeben und die Mischung gründlich einige Minuten lang pürieren, um eine eventuelle Klümpchenbildung zu verhindern. Jetzt die geschmolzene Schokolade hinzufügen und weiter pürieren, bis sich alles gut vermischt hat. Dann die Mischung in den Kühlschrank stellen.

Die mindestens 7° C kalte Nougatmischung in die Eismaschine geben und nach der Anleitung des Herstellers vorgehen. Oder Sie verwenden die Eismaschine Marke Eigenbau – mit zwei Schüsseln und Eiswürfeln dazwischen (im Kapitel Eis-Maschinen).

Das Eis ist jetzt noch relativ weich. In einen oder zwei Behälter füllen, luftdicht mit Folie abdecken und für einige Stunden in den Tiefkühlschrank stellen. Danach kann es zu Kugeln portioniert werden.

Marzipan-Eis

```
125 g Mandelmus hell
250 g Agavendicksaft
475 ml Wasser
2-3 Tropfen
   Rosenwasser
2-3 g Guarkernmehl
50 g vegane
   Schokolade mit
   mind. 85%
   Kakaoanteil
```

Die Schokolade in einer Schüssel im heißen Wasserbad schmelzen lassen und abkühlen.

Mandelmus, Agavendicksaft, Wasser und Rosenwasser in ein schmales, hohes Gefäß füllen und alles mit einem Stabmixer vermischen. Das Guarkernmehl hinzugeben und die Mischung gründlich einige Minuten lang pürieren, um eine eventuelle Klümpchenbildung zu verhindern. Anschließend die Mischung in den Kühlschrank stellen.

Die mindestens 7° C kalte Mischung in die Eismaschine geben und nach der Anleitung des Herstellers vorgehen. Kurz vor Ende des Gefriervorgangs lassen Sie die gerade noch flüssige Schokolade in die Eismasse laufen und zu kleinen Stückchen erstarren. Oder Sie verwenden die Eismaschine Marke Eigenbau – mit zwei Schüsseln und Eiswürfeln dazwischen (im Kapitel Eis-Maschinen).

Das Eis ist jetzt noch relativ weich. In einen oder zwei Behälter füllen, luftdicht mit Folie abdecken und für einige Stunden in den Tiefkühlschrank stellen. Danach kann es zu Kugeln portioniert werden.

Hafer-Whisky-Eis

200 g Zucker
450 ml Hafermilch
100 g Haferflocken
30 ml Whisky
3 g Guarkernmehl

Hafermilch und Zucker in ein schmales, hohes Gefäß füllen und mit einem Stabmixer vermischen. Das Guarkernmehl hinzugeben und die Mischung gründlich einige Minuten lang pürieren, um eine eventuelle Klümpchenbildung zu verhindern. Dann die Haferflocken und den Whisky dazugeben und die Mischung in den Kühlschrank stellen.

Die mindestens 7° C kalte Mischung in die Eismaschine geben und nach der Anleitung des Herstellers vorgehen. Kurz vor Ende des Gefriervorgangs lassen Sie die gerade noch flüssige Schokolade in die Eismasse laufen und zu kleinen Stückchen erstarren. Oder Sie verwenden die Eismaschine Marke Eigenbau – mit zwei Schüsseln und Eiswürfeln dazwischen (im Kapitel Eis-Maschinen).

Das Eis ist jetzt noch relativ weich. In einen oder zwei Behälter füllen, luftdicht mit Folie abdecken und für einige Stunden in den Tiefkühlschrank stellen. Danach kann es zu Kugeln portioniert werden.

Milch- und Sahneeis

Sahnig-cremiges Vanilleeis, herrlich knackiges Stracciatella und Schokoladeneis mit viel, viel Kakao – diese drei gehören zu den absoluten Rennern einer jeden guten Eisdiele. Das Entscheidende bei der Herstellung von cremigem Eis ist eine gute Eisbasis aus Milch, Sahne, Zucker und Ei. Diese Grundmischung nennt der Italiener Fior di Latte. Mit weiteren Zutaten werden viele andere Sorten daraus. Und weil immer mehr Eisliebhaber auf Ei im Eis verzichten möchten, finden Sie in diesem Kapitel auch ein Rezept ohne Ei.

Milcheis-Basis Nr.1: Fior di Latte

360 ml Vollmilch,
  3,5 % Fett
180 ml Sahne
150 g Zucker
5 Eigelbe

TIPP: Was Sie für Eissorten auf dieser Basis herstellen können, lesen Sie auf der nächsten Seite.

Milch und Sahne zusammen aufkochen. Eigelbe und Zucker in einer Schüssel zu einer schaumigen Creme rühren. Nach und nach unter ständigem Rühren die heiße Milch hinzugießen.

Die Mischung zurück in den Topf geben und bei geringer Hitze rühren, bis sie einzudicken beginnt. Zum Test tauchen Sie einen Holzlöffel hinein und blasen anschließend auf den Löffelrücken. Bildet sich die Form einer Rose, ist die Creme dick genug. Auf keinen Fall darf sie kochen! Die Creme in eine Schüssel geben, im Eiswasserbad abkühlen und zwischendurch umrühren. Danach muss die Creme in den Kühlschrank.

Die mindestens 7° C kalte Milcheis-Basis in die Eismaschine geben und nach der Anleitung des Herstellers vorgehen. Oder Sie verwenden die Eismaschine Marke Eigenbau – mit zwei Schüsseln und Eiswürfeln dazwischen (im Kapitel Eis-Maschinen).

Das Eis ist jetzt noch relativ weich. In einen oder zwei Behälter füllen, luftdicht mit Folie abdecken und für einige Stunden in den Tiefkühlschrank stellen. Danach kann es zu Kugeln portioniert werden.

Vanilleeis

Schneiden Sie eine Vanilleschote längs auf, kratzen Sie das Mark heraus und erwärmen Sie beides in Milch und Sahne. Entfernen Sie die Schote, bevor Sie die Milch in die Eiercreme rühren. Verfahren Sie anschließend wie bei Fior di Latte beschrieben.

Stracciatella

Lassen Sie 50 g Kuvertüre in einer Schüssel im Wasserbad schmelzen und abkühlen. Frieren Sie das Eis wie Fior di Latte beschrieben und geben Sie kurz vor Schluss langsam die Kuvertüre hinzu. Lassen Sie diese kurz erstarren und anschließend in Stückchen brechen, indem Sie die Maschine für etwa 20 Sekunden stoppen und wieder einschalten.

Crème brûlée

Frieren Sie das Eis wie oben beschrieben und geben Sie kurz vor Schluss etwa 50–60 g Karamellstückchen (Rezept im Kapitel Stückchen) hinzu.

Eis mit Kekskrümeln

Frieren Sie das Eis wie Fior di Latte beschrieben und geben Sie kurz vor Schluss etwa 70–80 g Kekskrümel (Rezept im Kapitel Stückchen) hinzu.

Milch enthält alles, was eine kleine Kuh zum Leben braucht. Auch für uns Menschen ist sie gut. Die Milch ist, was die Kuh isst. Je nachdem ob die Kuh auf einer Almwiese grast oder im engen Stall steht, verändern sich die Inhaltsstoffe und der Geschmack. Entweder man erahnt noch die Kräuter der Wiese oder nicht.

Darüber hinaus gibt es inzwischen mehrere Verfahren, Milch haltbar zu machen. Auch das hat einen großen Einfluss auf Geschmack, Gesundheit und Eigenschaften. Denn bei Temperaturen von bis zu 150ºC, wie bei der Pasteurisierung der Ultrahoch Erhitzten Milch, ändert sich vieles, nicht nur die Haltbarkeit. Auch Geschmack und Verträglichkeit werden beeinflusst. Zusätzlich wird die Milch meistens homogenisiert. Bei diesem Verfahren werden die in der Milch enthaltenen winzigen Fetttröpfen noch weiter zerkleinert. Dadurch rahmt die Milch kaum mehr auf, bildet also keine Sahneschicht mehr. Die ursprünglichste Milch, die man in einem Geschäft erwerben kann, ist die Vorzugsmilch. Die wird nur gefiltert und gekühlt. Dass bedeutet aber auch, dass noch alle Keime darin enthalten sind. Schwangere sollten deshalb Vorzugsmilch aus dem Handel oder Rohmilch direkt vom Bauern meiden.

Bei der Milchverarbeitung wird auch der Fettgehalt der Milch je nach Hersteller auf ein gleichbleibendes Niveau von 3,5–3,8% eingestellt. Allerdings gibt es auch Milch mit einem Fettgehalt von nur 0,3%. Wir bevorzugen bei unserer Eisherstellung frische Bio-Vollmilch mit einem Fettgehalt von 3,5%. Darauf sind auch die Zutatenmengen im Rezeptteil abgestimmt. Wenn Sie andere Milch verwenden, kann es sein, dass die Rezepte neu abgestimmt werden müssen. In jedem Fall sollten Sie möglichst frische Milch verwenden. Die schmeckt auch am besten.

Auch wenn Milch bei uns zu den am besten kontrollierten Lebensmitteln gehört, können sich schädliche Keime einschleichen. Je länger die Milch steht, desto mehr werden es. Um der Keimvermehrung entgegen zu wirken, wird die Milcheismasse vor dem Frieren erhitzt. Außerdem verändern sich die Proteine in Milch und Sahne, was entscheidenden Einfluss auf die Konsistenz unseres Eises hat. Aber das Erhitzen wirkt sich auch positiv auf das Aroma aus. Vor allem das Schokoladeneis profitiert davon.

Sahne setzt sich auf der frischen Milch, wenn diese vor der Weiterverarbeitung eine Weile steht. Sahne enthält viel Fett. Auch hier gilt, was oben für die Milch beschrieben ist: Herkunft und Verarbeitung bestimmen die Qualität und den Geschmack. Wir verwenden Sahne mit einem Fettgehalt von 30 % für unsere Eisproduktion und die Rezepte in diesem Buch. Leider wird sogar Bio-Sahne oftmals mit Carrageen als Stabilisator versetzt. Das soll weiteres Aufrahmen verhindern. Dabei stört das Aufrahmen eigentlich nicht. Sie müssen nur bei der Verarbeitung etwas mehr rühren.

Butter wird ursprünglich aus Sahne gewonnen. Sie enthält mindestens 82% Fett und bekommt ihre gelbliche Färbung ursprünglich aus dem Futter. Denn auch Gras enthält gelblich-rote Farbstoffe, die sich im Milchfett lösen. Allerdings wird oft auch Beta-Carotin als Farbstoff ins Kraftfutter gemischt, damit die Butter schön gefärbt ist. Oder es werden erst beim Buttern Farbstoffe zugefügt.

Milcheis-Basis Nr.2: ohne Ei

380 ml Vollmilch, 3,5 % Fett
190 ml Sahne
150 g Zucker
3 g Guarkernmehl oder Johannisbrotkernmehl

TIPP: Wenn Sie spontan Milcheis machen wollen, aber keine Sahne verfügbar ist, können Sie diese auch komplett durch Butter und Milch ersetzen (100 g Sahne entsprechen etwa 40 g Butter und 60 g Milch).

Das Guarkernmehl (oder Johannisbrotkernmehl) mit einem Stabmixer gründlich, klumpenfrei unter die Milch mischen, bis diese einzudicken beginnt. Die Milch zusammen mit Sahne und Zucker erhitzen, bis dieser sich komplett aufgelöst hat und die Mischung anschließend abkühlen lassen. Danach muss sie in den Kühlschrank.

Die mindestens 7° C kalte Milcheis-Basis in die Eismaschine geben und nach der Anleitung des Herstellers vorgehen. Oder Sie verwenden die Eismaschine Marke Eigenbau – mit zwei Schüsseln und Eiswürfeln dazwischen (im Kapitel Eis-Maschinen).

Das Eis ist jetzt noch relativ weich. In einen oder zwei Behälter füllen, luftdicht mit Folie abdecken und für einige Stunden in den Tiefkühlschrank stellen. Danach kann es zu Kugeln portioniert werden.

TIPP: Vier Rezeptvorschläge für Eissorten auf dieser Basis auf Seite 76.

Schokoladeneis-Basis

500 ml Vollmilch, 3,5 % Fett Vollmilch, 3,5 % Fett
170 g Zucker
80 g Schokolade mit mind. 85% Kakaoanteil
3 g Guarkernmehl

Die Schokolade in einer Schüssel im heißen Wasserbad schmelzen lassen.

Das Guarkernmehl (oder Johannisbrotkernmehl) mit einem Stabmixer gründlich, klumpenfrei unter die Milch mischen, bis diese einzudicken beginnt. Milch und Zucker langsam auf mittlerer Hitze aufkochen und dabei die flüssige Schokolade einrühren, bis alles gut vermischt ist. Anschließend die Mischung abkühlen lassen. Danach muss sie in den Kühlschrank.

Die mindestens 7° C kalte Schokoladeneis-Basis in die Eismaschine geben und nach der Anleitung des Herstellers vorgehen. Oder Sie verwenden die Eismaschine Marke Eigenbau – mit zwei Schüsseln und Eiswürfeln dazwischen (siehe Kapitel Eis-Maschinen).

Das Eis ist jetzt noch relativ weich. In einen oder zwei Behälter füllen, luftdicht mit Folie abdecken und für einige Stunden in den Tiefkühlschrank stellen. Danach kann es zu Kugeln portioniert werden.

TIPP: Vier Rezeptvorschläge für Eissorten auf dieser Basis auf Seite 78.

Mokka

Zerstoßen Sie 10–15 g Espressobohnen in einem Mörser. Kochen Sie den geschroteten Espresso zusammen mit der oben beschriebenen Mischung auf. Nachdem die Mokkamischung abgekühlt ist, füllen Sie diese in die Eismaschine und gehen vor wie oben beschrieben.

Yogitee

4–5 g Yogitee-Mischung in der Eiscreme-Basis mit aufkochen und etwa 20 Minuten warmhalten. Nachdem sie abgekühlt ist, füllen Sie Mischung in die Eismaschine und gehen vor wie oben beschrieben.

Malaga

Die abgekühlte Milcheis-Basis in die Eismaschine füllen, nach der Anleitung des Herstellers vorgehen und kurz vor Ende des Gefriervorgangs in Malagawein und Rum eingelegte Sultaninen (siehe im Kapitel Stückchen) hinzugeben.

Matcha-Eis

Mischen Sie 6–7 g Matcha-Teepulver (japan. grüner Tee) mit einem Stabmixer unter die fertige kalte Milcheis-Basis, füllen Sie die Mischung in die Eismaschine und gehen vor wie oben beschrieben. Diese Sorte gehört in Japan übrigens zu den Meistgekauften.

Schokoladeneis mit Erdnusskrokant

Füllen Sie die abgekühlte Schokoladeneis-Basis in die Eismaschine und gehen Sie nach der Anleitung des Herstellers vor. Wenn das Schokoladeneis fertig gefroren ist, geben Sie das Erdnusskrokant hinzu (Rezept im Kapitel Stückchen) und lassen es von der Maschine unterrühren.

Schokolade-Orangen-Eis

Füllen Sie das fertig gefrorene Schokoladeneis in einen oder zwei Behälter und geben Sie die Orangensauce (siehe Kapitel Saucen) darüber. Rühren Sie diese langsam kreisend unter, sodass Sie später breite Fruchtstreifen im Eis haben.

Schokoladen-Karamell-Eis

Füllen Sie das fertig gefrorene Schokoladeneis in einen oder zwei Behälter und geben Sie die Karamellsauce (siehe Kapitel Saucen) darüber. Rühren Sie diese langsam kreisend unter, sodass Sie später breite Karamellstreifen im Eis haben.

Parfaits

Die Bezeichnung „Parfait" kommt aus dem Französischen und bedeutet ganz einfach „perfekt". Vielleicht weil ein Parfait der bestmögliche Abschluss eines langen Menüs ist? Wer weiß? Wir wissen jedenfalls: Für ein Parfait brauchen Sie nicht mal eine Eismaschine. Ein paar Stunden im Tiefkühlschrank und das Parfait – oder auch Halbgefrorene – ist perfekt.

Honigparfait

4 Eigelbe
2 Eier
100 g Honig
500 g Sahne

TIPP: Mischen Sie 100 g geröstete Walnüsse unter die Parfaitmasse und füllen Sie diese dann in die Form. Und nehmen Sie Ahornsirup anstelle des Honigs – fertig ist das Maple-Walnut-Parfait!

Eier und Honig in einer Schüssel im heißen Wasserbad schaumig aufschlagen. Anschließend die Eiercreme im Eiswasserbad rühren, bis sie wieder erkaltet ist. Die geschlagene Sahne unterheben und die Masse in eine mit Klarsichtfolie ausgeschlagene Kastenform füllen.

Nach 3–4 Stunden im Tiefkühlschrank ist das Parfait fertig gefroren. Vor dem Servieren kurz antauen lassen, aus der Form stürzen und in Scheiben schneiden.

Lebkuchenparfait

4 Eigelbe
2 Eier
100 g Zucker
2 TL gemahlener Zimt
2 cl Orangenlikör
100 g Elisen-Lebkuchen
500 g Sahne

TIPP: Servieren Sie das Lebkuchenparfait mit Orangenfilets, die Sie vorher einige Stunden lang in Orangenlikör eingelegt haben.

Eier, Zucker, Zimt und Orangenlikör in einer Schüssel im heißen Wasserbad schaumig aufschlagen. Anschließend die Eiercreme im Eiswasserbad rühren, bis sie wieder erkaltet ist.

Die Oblaten von den Lebkuchen abziehen und die Lebkuchen zu kleinen Bröseln hacken. Diese zusammen mit der geschlagenen Sahne unter die Creme heben und alles in eine mit Klarsichtfolie ausgeschlagene Kastenform füllen.

Nach 3–4 Stunden im Tiefkühlschrank ist das Parfait fertig gefroren. Vor dem Servieren kurz antauen lassen, aus der Form stürzen und in Scheiben schneiden.

Nüsse sollten ein schön duftiges Aroma verströmen. Leider werden Walnüsse, Haselnüsse und andere Nüsse leicht ranzig. Deshalb gilt auch hier wieder: schön frisch einkaufen! Sie sollten sie möglichst im Gefrierschrank einlagern. Um das Aroma von Nüssen durch ein schönes Röstaroma abzurunden, sollten sie für etwa 10–15 Minuten bei ca. 200º C auf dem Backblech ausgebreitet im Ofen geröstet werden.

Kakao ist unser besonderes Steckenpferd. Am liebsten verwenden wir Kakaomasse. Sie ist der Ausgangspunkt in der Schokoladenherstellung. Ihr Geschmack hat einen wilden, rohen und tiefen Charakter, denn es ist noch alles aus der Kakaobohne darin enthalten. Die Aufspaltung in Kakaopulver und Kakaobutter erfolgt erst in späteren Produktionsschritten. Durch die Verwendung des Rohproduktes haben wir einen tollen Umfang an Aromen im Eis. Im Einzelhandel werden Sie wahrscheinlich erfolglos nach Kakaomasse suchen. Als Ersatz kann eine Schokolade mit einem Kakaoanteil von 85% und mehr dienen. Schokoladen mit geringem Kakaoanteil enthalten recht viel Zucker und Milchpulver. Letzteres verändert den Eisgeschmack. Der Zucker ist manchmal unerwünscht, in jedem Fall beeinflusst er aber die Konsistenz.

Saucen

Karamellsauce

50 g Zucker
100 ml Sahne

Die Sahne auf mittlerer Hitze aufkochen. Den Zucker in einen Topf mit dickem Boden geben und diesen erhitzen, bis der Zucker zu karamellisieren beginnt. Sollte der Zucker nicht gleichmäßig karamellisieren, schwenken Sie den Topf ein wenig. Nicht mit einem Löffel rühren, da sonst zuviel Zucker daran kleben bleibt!

Sobald der Zucker komplett zerlaufen und gleichmäßig hellbraun ist, die Herdplatte auf unterste Stufe stellen und nach und nach die heiße Sahne mit einem Schneebesen einrühren. Sollte sich nicht alles gleichmäßig verbunden haben, die Sauce unter ständigem Rühren weiterkochen. Anschließend die Sauce – die sich auch als Topping eignet – erkalten und zähflüssig werden lassen.

Orangensauce

1 große unbehandelte
  Orange (etwa 50 ml
  Saft)
60 g Agavendicksaft
1 g Guarkernmehl

Die Schale mit einem Zestenreißer von der Orange ziehen und sie sehr fein hacken. Den Saft aus der Orange pressen, mit Agavendicksaft und Schale verrühren und das Guarkernmehl mit einem Stabmixer gründlich, klümpchenfrei untermischen, bis die Mischung eindickt.

Erdbeersauce

250 g Erdbeeren
150 g Agavendicksaft
Saft von einer
 halben Limone

Alle Zutaten zusammen gründlich mit einem Stabmixer pürieren.

Schokosauce

250 ml Vollmilch,
 3,5 % Fett
75 g Schokolade
 mit mind. 85%
 Kakaoanteil
50 g Agavendicksaft

Die Schokolade in einer Schüssel im heißen Wasserbad schmelzen lassen. Milch und Agavendicksaft mischen und zusammen aufkochen. Die geschmolzene Schokolade hinzugeben und die Mischung unter ständigem Rühren aufkochen, bis sich alles gut verbunden hat. Die Sauce anschließend erkalten lassen.

Stückchen

Sollte der Zucker nicht gleichmäßig karamellisieren, schwenken Sie den Topf ein wenig. Nicht mit einem Löffel rühren, da sonst zuviel Zucker daran kleben bleibt!

Karamellstückchen

150 g Zucker in einen Topf mit dickem Boden geben und diesen erhitzen, bis der Zucker zu karamellisieren beginnt. Sobald der Zucker komplett zerlaufen und gleichmäßig hellbraun ist, das Karamell auf ein mit Backpapier ausgelegtes Blech oder in eine Auflaufform geben und erkalten lassen. Anschließend ein weiteres Blatt Papier darüberlegen und das Karamell mit einem Fleischklopfer in kleine Stückchen schlagen.

Eingelegte Sultaninen für Malaga-Eis

20 g Sultaninen
2 EL Rum
4 EL Malagawein

Die Sultaninen für mindestens 24 Stunden in Rum und Malagawein (spanischer Süßwein) einlegen.

Mandel- oder Erdnusskrokant

100 g Zucker
100 g geröstete Mandeln oder Erdnüsse

TIPP: Krokant kann auch mit Walnüssen, Haselnüssen oder Sesam zubereitet werden.

Zucker in einen Topf mit dickem Boden geben und erhitzen, bis er zu karamellisieren beginnt. Sobald der Zucker komplett zerlaufen und gleichmäßig hellbraun ist, die gerösteten Mandeln oder Erdnüsse hinzugeben. Mit einem Holzlöffel umrühren, bis alles mit Karamell überzogen sind. Die Masse auf ein Backblech oder in eine Auflaufform geben, flach drücken und erkalten lassen. Anschließend das Krokant mit einem Küchenmesser in kleine Stücke hacken und diese abgedeckt in den Kühlschrank stellen.

Keksstückchen ohne Ei

120 g Mehl
80 g kalte Butter
40 g Zucker
2 EL Eiswasser

Das Mehl auf eine saubere Arbeitsfläche sieben und eine kleine Mulde hineindrücken. Zucker, Butter in kleinen Flocken und Eiswasser hinzugeben und alles mit den Händen zu einem geschmeidigen Teig verkneten. Diesen in Klarsichtfolie gehüllt für etwa 1 Stunde in den Kühlschrank legen.

Anschließend auf einer bemehlten Arbeitsfläche etwa 3–4 mm dünn ausrollen und bei 220° C etwa 10 Minuten backen. Den gebackenen Keksteig abkühlen lassen, in kleine Stücke brechen und diese vor der Eisherstellung in den Kühlschrank stellen.

Verzeichnis der Rezepte

Eis auf die Schnelle   26
Kratzeis   27
Bananensaft mit Kirscheiswürfeln   27
Eislutscher mit pürierten Früchten   28
Eislutscher mit dem Lieblingsjoghurt   30
Eislutscher mit Fruchtsaft   30

Granitas   32
Orangen-Granita   33
Espresso-Granita   35
Prosecco-Zitronengras-Granita   36

Sorbets   40
Himbeersorbet   41
Ananassorbet   42
Mangosorbet   45
Sauerkirschsorbet mit Kirschlikör   47

Joghurteis   50
Erdbeer-Joghurt   51
Sanddorn-Joghurt   53
Joghurt-Waldbeer   54
Waldhonig-Jogurt mit Mandelkrokant   57

Veganes Eis   60
Cashewnuss-Eis   61
Nougat-Eis   62
Marzipan-Eis   65
Hafer-Whisky-Eis   67

Milch- und Sahneeis   68
Milcheis-Basis Nr. 1   69
Vanille   70
Stracciatella   70
Crème brûlée   70
Eis mit Kekskrümeln   70
Milcheis-Basis Nr. 2   74
Schokoladeneis- Basis   75
Mokka   76
Yogitee   76
Malaga   76
Matcha   76
Schokoladeneis mit Erdnusskrokant   78
Schokolade-Orangen-Eis   78
Schokoladen-Karamell-Eis   78

Parfaits   80
Honigparfait   81
Lebkuchenparfait   82

Saucen   84
Karamellsauce   84
Orangensauce   84
Erdbeersauce   85
Schokosauce   85

Stückchen   86
Karamellstückchen   86
Eingelegte Sultaninen   86
Mandel- oder Erdnusskrokant   87
Keksstückchen   87

Warenkunde
Saft   31
Früchte   31
Wasser   38
Alkohol   38
Zucker   39
Rohrohrzucker   48
Agavendicksaft   49
Honig   49
Joghurt   58
Eier   58
Johannisbrotkernmehl   59
Guarkernmehl   59
Milch   72
Sahne   73
Butter   73
Nüsse   83
Kakao   83

Über die Autoren

Hilmar Jaedicke hat mehrere Jahre erfolgreich als Produkt-Designer gearbeitet und vor ein paar Jahren seinen Wunsch, eine Eisdiele zu eröffnen, realisiert. „Hilmar-Eis", eine der wenigen Bio-Eisdielen Deutschlands, kombiniert traditionelle, handwerkliche Eis-Herstellung mit moderner Technik, eigenen Ideen und dem Wunsch nach einem nachhaltigen Produkt. Verwendet werden nur ausgesuchte Bio-Zutaten, möglichst aus der Region. Künstliche Aroma-, Farb- und Konservierungsstoffe oder Stabilisatoren kommen ihm nicht ins Haus.

Thomas Laboch – Als ausgebildeter Koch arbeitet er am liebsten mit natürlichen Lebensmitteln. Nicht nur weil's gesünder ist, sondern auch weil's einfach besser schmeckt. Und Bio-Eis macht glücklich, sagt er: „Nicht nur die Kunden, auch mich als Verkäufer. Soviel positives Feedback wie ich hier in einer Woche erfahre, habe ich als Werbetexter in acht Jahren nicht bekommen!"

Hilmar Eisgeschäft | Laden:
Waitzstraße 22
22607 Hamburg
T 040 69 08 28 78

Hilmar Eisgeschäft | Produktion | Büro:
Holstenkamp 42a
22525 Hamburg
T 040 89 70 90 36

info@eis-hilmar.com
www.eis-hilmar.com